吉林省农村公路条例
百问百答 彩绘版

吉林省公路管理局 著

Jilin Sheng
Nongcun Gonglu Tiaoli
Baiwen Baida

人民交通出版社股份有限公司
China Communications Press Co., Ltd.

图书在版编目(CIP)数据

吉林省农村公路条例百问百答 / 吉林省公路管理局著. — 北京：人民交通出版社股份有限公司，2018.4
ISBN 978-7-114-14677-0

Ⅰ.①吉… Ⅱ.①吉… Ⅲ.①农村道路—交通运输管管—条例—吉林—问题解答 Ⅳ.①D927.340.214-44

中国版本图书馆 CIP 数据核字(2018)第 089835 号

书　　名：	吉林省农村公路条例百问百答
著 作 者：	吉林省公路管理局
责任编辑：	王　丹
责任校对：	刘　芹
责任印制：	张　凯
出版发行：	人民交通出版社股份有限公司
地　　址：	(100011)北京市朝阳区安定门外外馆斜街 3 号
网　　址：	http://www.ccpress.com.cn
销售电话：	(010)59757973
总 经 销：	人民交通出版社股份有限公司发行部
经　　销：	各地新华书店
印　　刷：	北京虎彩文化传播有限公司
开　　本：	787×1092　1/32
印　　张：	3.375
字　　数：	64 千
版　　次：	2018 年 4 月　第 1 版
印　　次：	2019 年 8 月　第 3 次印刷
书　　号：	ISBN 978-7-114-14677-0
定　　价：	38.00 元

(有印刷、装订质量问题的图书由本公司负责调换)

Preface 前言

农村公路是服务农民群众生产生活的基本条件，是农业和农村发展的先导性、基础性公共设施，是社会主义新农村建设的重要支撑。"要先富，先修路"在今天依然没有过时。

建设"四好农村路"是由习近平总书记提出并推动的重大民生工程，也是民心工程、德政工程。党的十九大后，习近平总书记等中央领导同志再次对"四好农村路"建设作出重要指示，从党和国家事业全局出发，对深入推进"四好农村路"建设提出了新的更高要求。

在吉林省全省交通运输系统的共同努力和全体农民群众大力支持下，吉林省农村公路建设取得了骄人成绩。截至2016年底，吉林省农村公路里程达到8.64万公里，"村村通"覆盖率达到100%。越来越多的农民群众走上沥青路、水泥路，农货运得出去、客商走得进来，群众的生活水平正在随着农村公路的延伸而不断提高。

一条路的建设并非一劳永逸，只有建好、管好、护好、运营好农村公路，才能让广大农民群众在致富的道路上越走越远，这就需要大家共同爱护农村公路。本书以《吉林省农村公路条例》为基础，分为六章，以100个问答的形式带您走进农村公路。第一章阐述了农村公路的基本含义及发展现状；第二章概括了《吉林省农村公路条例》的主要内容；第三章介绍了农村公路是如何规划和建设的；第四章介绍了农村公路养护和管理的主要内容；第五章解释了农村公路相关资金是如何筹集和使用的；第六章介绍了哪些行为会违反农村公路相关法律。我们力争通过这些问答，使读者对农村公路有一个整体的认知，提高广大群众的爱路护路意识，共同铺就奔向美好生活的康庄大道。

本书虽是百问百答，仍不能穷尽关于农村公路的所有问题。不到之处，希望广大读者批评指正，为农村公路发展献言献策。

吉林省公路管理局
2018年4月

Contents

目录

02 ·第一章· 走进吉林农村公路

10 ·第二章· 《吉林省农村公路条例》概览

18 ·第三章· 关于农村公路规划和建设

40 ·第四章· 关于农村公路养护和管理

74 ·第五章· 关于农村公路资金筹集和使用

84 ·第六章· 农村公路相关法律责任

第一章　走进吉林农村公路

1. 哪些路算农村公路？

农村公路，包括县道、乡道和村道及其附属设施。并不是所有的村道都是农村公路。只有"纳入农村公路范围规划的村道"，才属于法律意义上的农村公路。

2. 什么是农村公路附属设施？

农村公路附属设施是指公路、公路用地范围内为公路及通行车辆提供安全、通信、检测、养护、机电、监控、收费、信息系统的设施；排水系统（边沟、截水沟、盲沟等）、桥梁附属设施、隧道附属设施；道班房、收费站、检测站、公路建设和养护料场、公路客货运站点、服务区、路线指示牌等设施。

3. 我国有多少农村公路？

到2017年末,全国农村公路里程共计400.93万公里。

4. 吉林省农村公路发展如何？

到2017年末,吉林省农村公路里程达到87748公里,比2012年末增加12015公里,其中县、乡、村级公路分别达到10686公里、28228公里、48834公里。吉林省所有乡镇、建制村通了硬化路,比2012年末分别提高0.6和1.5个百分点;自然屯通硬化路率达到76.2%,贫困地区达到78.5%。

5. 发展农村公路有什么好处？

发展农村公路不仅便民利民，而且对农村经济发展和社会进步都有重要意义。"十二五"初至 2017 年底，吉林省新增 440 个建制村通水泥（沥青）路，建制村通畅率达到 100%，比"十一五"提高 4.6%；25725 个自然屯通硬化路，自然屯通畅率达到 76.2%，受益人口 69.1%，占自然屯人口总数的 69.1%。农村公路交通的快速发展，极大改善了农村社区人居环境，改变了群众出行"晴天一身土、雨天一身泥"的状况，新的农业产业区、小商品集散地及经济走廊带正在逐步形成，为农村经济发展和社会进步提供了有力支撑，为全面建成小康社会奠定了良好基础。可以说，农村公路对吉林省全面建成小康社会起着至关重要的作用。

6. 吉林省出台了哪些新的农村公路政策文件？

"十三五"以来，吉林省相继出台《吉林省人民政府办公厅关于实施农村公路惠民工程的意见》《吉林省交通运输厅关于开展创建"四好农村路"示范县活动的通知》《吉林省交通运输厅关于印发吉林省农村公路惠民工程督导考评办法的通知》，全面指导农村公路建、管、养、运和脱贫攻坚，通过加强组织领导、落实工作责任、严格考核监督、加大政策支持和加强资金保障等措施，确保完成各项工作目标任务。

第二章 《吉林省农村公路条例》概览

7. 为什么要制定《吉林省农村公路条例》？

习近平总书记在2014年就"建好、管好、护好、运营好农村公路"作出了重要指示，中共吉林省委十届六次全会也就完善农村公共基础设施、提升农村公路服务水平提出了明确要求。为深入贯彻落实习近平总书记重要指示和中共吉林省委十届六次全会精神，切实解决制约吉林省农村公路发展的突出问题，全面提升农村公路发展水平，促进交通运输基本公共服务均等化，切实保障和改善民生，制定《吉林省农村公路条例》十分必要且急迫。

8. 制定《吉林省农村公路条例》有什么依据？

《吉林省农村公路条例》依据《中华人民共和国公路法》《公路安全保护条例》《中华人民共和国道路交通安全法实施条例》等法律法规制定，同时参照了交通部《农村公路建设管理办法》和国务院《农村公路管理养护体制改革方案》等规章和规范性文件，还参考了安徽、甘肃、河南、山东、湖北等省的地方立法。

9.《吉林省农村公路条例》都能管谁？

《吉林省农村公路条例》是具有法律约束力的。在吉林省行政区域内，包括参与农村公路规划、建设、使用、养护、管理以及其他与农村公路有关活动的政府和政府相关部门、农村各级组织、设计、施工、监理、养护、路政管理和使用农村公路的单位或个人，都是《吉林省农村公路条例》的约束对象。

10. 县级以上人民政府对农村公路发展负有哪些责任？

县级以上人民政府应当将农村公路的发展纳入国民经济和社会发展规划，保证农村公路的正常建设、养护和管理，并将农村公路工作纳入对下级政府的绩效考核范围。

11. 农村公路建、管、养的责任主体是谁？对农村公路发展负有哪些责任？

县级人民政府是本行政区域内农村公路建设、养护和管理的责任主体，应当加强对农村公路工作的组织领导和监督管理，建立健全农村公路建设、养护和管理的县、乡、村三级组织管理体系，并将农村公路工作纳入本级人民政府年度工作目标考核范围，建立并落实责任追究制度。

12. 乡（镇）人民政府对农村公路负有哪些责任？

乡（镇）人民政府在《吉林省农村公路条例》规定和县级人民政府确定的职责范围内，负责农村公路的建设、养护和管理工作，指导和帮助村民委员会建立村道管护群众组织。

13. 农村公路建设、养护的资金从哪儿来？

农村公路的建设和养护资金主要来自省、市、县三级政府投资。省级补助资金按照《农村公路管理养护体制改革方案》的要求执行，会同财政部门适时对资金补助标准作出调整。市级部门负责建设和养护资金投入，制定提高补贴标准的政策，加大对优良工程项目县、贫困县、边境县、少数民族县等农村公路的补贴额度。县级是资金安排使用的执行主体，负责筹集本行政区域内农村公路建设、养护资金。

14. 破坏农村公路是否违法？

当然违法。农村公路是花费大量投资建设起来的固定资产。任何破坏、损坏或非法占用农村公路及其附属设施的行为，均属侵犯国家和集体财产的违法行为，都将受到法律、法规的严惩。

第三章 关于农村公路规划和建设

15. 农村公路规划分几种？

农村公路规划属于地方规划的范畴，按照时间长短，可分为远景目标规划（如2030年远景目标规划）和近期发展规划（如"十三五"发展规划）；按照行政等级可分为县道规划、乡道规划和村道规划。

16. 农村公路规划是单独编制的吗？

不是。规划农村公路，不只是围绕着路说路，而是要与城乡规划、国道和省道规划以及其他方式的交通运输发展规划相协调。

17. 农村公路规划为什么要与城乡、土地规划协调编制？

只有与城乡、土地规划协调编制，农村地区群众出行才能更加便捷。《中华人民共和国城乡规划法》第十八条规定，将道路纳入城乡规划和村庄规划范围。因此，在编制农村公路规划时，要依据当地的城乡规划进行编制。同时，也要依据土地利用总体规划进行编制，这样才能根据农村公路的走向、区位预留土地，避免在农村公路建设用地范围内新建、改建永久性建筑物、地面构筑物，并有效地控制其他影响农村公路建设、使用的建设项目。

18. 农村公路规划为什么要与其他交通运输规划协调编制？

高速公路和干线公路规模效益的有效发挥有赖于农村公路协调配置形成有机的整体，因此，农村公路作为构建便捷、通畅、高效、安全的交通运输体系的重要组成部分，其规划理应与国道、省道规划及其他方式的交通运输发展规划相衔接。

19. 贫困、边远以及少数民族地区有什么优惠政策？

按照党的十八届五中全会提出的"实施脱贫攻坚工程，实施精准扶贫、精准脱贫"要求，为加快贫困、边远以及少数民族地区经济发展的步伐，帮助这些地区的群众尽快脱贫致富，逐步缩小地区差距，农村公路建设按照国家和省的有关规定，对这些地区增加投资比例。

20. 农村公路规划编制需注意什么问题？

一是县道、乡道和村道三种行政等级农村公路之间应保持适当比例。二是县道、乡道和村道各自内部不同技术等级道路之间应形成适当的比例。三是不同行政区域之间的农村公路在行政等级和技术等级上应有效衔接、保持顺畅。四是本行政区域内农村公路应布局合理。

21. 农村公路规划编制有哪些程序？

县道规划由县级人民政府交通运输主管部门会同有关部门编制，经本级人民政府审定后，报上一级人民政府批准，并报省人民政府交通运输主管部门备案。乡道、村道规划由县级人民政府交通运输主管部门协助乡（镇）人民政府编制，报县级人民政府批准，并报上一级人民政府交通运输主管部门备案。经批准的县道、乡道、村道规划应当公布，不得擅自变更。确需变更的，应当按照原程序批准和备案。

22. 农村公路建设的标准是什么？

农村公路建设应当充分利用现有道路进行改建和扩建。县道按照不低于三级公路技术标准建设，乡道按照不低于四级公路技术标准建设。村道建设标准应当根据当地实际需要和经济条件确定，一般不低于四级公路技术标准。对于不符合规定标准的农村公路，县级人民政府应当采取措施逐步加以改造。

23. 现有农村公路技术等级的构成是否满足社会发展需要和农民生产生活需求？

经过多年的发展，吉林省县级城市间已通二级以上公路，县城与所辖重点乡镇已通三级以上公路，乡镇到建制村基本实现四级以上公路连接。但是，其他非重点乡镇及自然村公路技术等级偏低，四级公路和等外公路占比较大。可以说，现有农村公路技术等级的构成已无法满足吉林省农村经济社会日益发展的需要和农民群众生产生活需求。"十三五"期间及今后一个相当长的时期，吉林省农村公路建设需要在技术等级构成上进行调整和提升。

24. 谁可以设计农村公路？

技术标准为四级以上的农村公路和桥梁、隧道工程的设计，应当由具有相应资质的设计单位承担。其他农村公路工程的设计，可以由县级交通运输主管部门或者乡（镇）人民政府组织公路工程技术人员承担。

25. 工程技术人员设计农村公路是否合规？

合规。由于吉林省经济欠发达，还存在四级以下的等外公路，这类公路缺乏可以遵循的设计规范。由于公路工程技术人员长期工作在一线，熟悉实际情况，由其承担桥梁、隧道以外的工程设计既节约资金、保证安全又符合实际。

26. 农村公路在什么情况下才能开工建设？

二级以上公路或中型以上桥梁、隧道工程项目，应当依法办理施工许可；其他列入年度建设计划的农村公路建设项目，完成相应准备工作并经县级以上人民政府交通运输主管部门同意的，即可开工建设。

27. 谁可以建设农村公路？

沥青（水泥）混凝土路面、桥梁、隧道等建设项目，应当选择具有相应资质的工程施工单位来承建。农村公路建设项目的施工组织和队伍选择既要考虑其"总体投资大、项目投资小"的特点，又要千方百计保证工程项目质量，这样体现了原则性和灵活性的统一。

28. 农村公路建设需要有监理单位吗？

县道或者二级以上乡道、村道及中型以上桥梁、隧道建设项目，应当招标选择具有相应资质的工程监理单位。其他农村公路建设项目，可以由县级公路管理机构组织监理。

29. 什么是招投标？

招标投标制度是指为某工程建设项目按照公布的条件，挑选承担勘察设计、施工、监理等任务的单位而实行的一种制度，它是依据和运用价值规律及商品竞争规律来管理工程建设的一种经营管理制度。实行建设项目的招标投标制度是我国建设市场趋向规范化、完善化的重要举措，对于择优选择承包单位，全面降低工程造价，进而使工程造价得到合理有效的控制，具有十分重要的意义。

30. 为什么有的农村公路建设不需要招标选择监理？

相对于高等级公路来说，农村公路建设项目工程的规模相对较小，投资少，对优质监理从业单位缺乏很强的吸引力，实践中经常出现流标现象，客观上延长了建设项目的前期工作时间，使建设项目不能及时开工建设。因此，有的农村公路，尤其是等外公路，施工管理难度较小，可以不需要招标选择监理单位。

31. 普通百姓可以监督农村公路建设吗？

可以。县级人民政府交通运输主管部门、乡(镇)人民政府应当聘请专业技术人员和群众代表参与农村公路建设质量与安全生产监督工作。

32. 普通百姓如何知悉农村公路的建设信息？

农村公路建设施工现场会设立质量责任公告牌,公示有关责任单位、责任人、主要质量控制指标和质量举报电话,百姓可以通过公告牌信息进行监督。

33. 农村公路建设项目出现质量问题怎么办？

农村公路建设项目实行安全生产责任制和质量责任追究制、质量缺陷责任期和质量保证金制度。质量缺陷责任期至少为两年。另外,项目法人也会以不低于工程合同额5%的比例缴纳质量保证金。

34. 农村公路建设质量是否合格谁说了算？

农村公路建设项目中的县道、大桥、特大桥、隧道工程完工后，由设区的市级人民政府交通运输主管部门组织验收；其他农村公路建设项目由县级人民政府交通运输主管部门组织验收。

35. 省级交通运输主管部门就不管农村公路质量了吗？

当然要管。省级人民政府交通运输主管部门会对农村公路工程验收工作进行抽查。

36. 交工验收和竣工验收有什么区别？

公路工程验收分为交工验收和竣工验收两个阶段。二者的明显区别是：时间上，交工验收在前，竣工验收在后；性质上，交工验收是项目管理机构行为，而竣工验收是一种政府管理机构行为。

37. 农村公路有没有档案？

每一条农村公路都有自己的工程档案。档案内容包括农村公路建设单位（项目法人）、勘察设计单位、中标施工单位和监理单位按照职责对工程项目从提出立项、审批、勘察设计、施工到竣工投入使用全过程中形成的文件、图表、像片、录像等具有保存、查考利用价值的各种材料。这些档案可以为今后的养护管理提供充分参考。

第四章 关于农村公路养护和管理

38. 农村公路的养护与管理分几种方式？

我国农村公路的管养模式,分为县道县管,乡村道乡镇管；县道县管、乡道乡管、村道村管；县道委托管养,乡村道乡镇管。

39. 吉林省谁负责管理农村公路？

吉林省现行的农村公路养护管理模式为县、乡、村三级管理。县级公路管理机构具体负责县道的养护工作,并对乡道、村道的养护进行技术指导。乡(镇)人民政府具体负责乡道、村道的养护工作,并协助县级公路管理机构做好本行政区域内县道的养护工作。村民委员会引导村民自觉护路,维护农村公路的路容、路貌。

40. 农村公路的养护管理原则是什么？

应当遵循以县为主、分级负责、群众参与、保障畅通的原则，保持路基、边坡稳定，路面、结构物完好，保证农村公路处于良好的技术状态。

41. 如何对农村公路进行养护分类？

农村公路的养护分类，按照工程性质、技术复杂程度和规模大小，分为日常养护、中修、大修、改建。

42. 农村公路日常养护以外的实施原则是如何确定的？

农村公路大中修和改建工程应按有关规范和标准进行设计，履行相关管理程序，并按照有关规定进行验收。

43. 农村公路的日常养护包括哪些？

日常养护是指对公路及其附属设施进行经常性巡查和维护保养的作业。日常养护工作内容包括：巡查道路、登记病害；保洁路面、清除杂物；整理路肩、维修边坡；清理边沟、疏通涵洞；排除积水、修复冲沟；看管设施、维护路树；报告水毁、积极抢修；配合施工、疏导交通；劝阻违章、举报事案；依法宣传、保护公路。

44. 目前吉林省的农村公路日常养护方式有哪些？

目前，吉林省农村公路（除专养县道外）日常养护方式主要是群众性养护和季节性养护，养护内容包括：保洁路面、清除杂物、整理路肩、维修边坡、修复冲沟等。在养护效果上，群众性养护和季节性养护与专业性和经常性养护存在较大差距，不利于维持农村公路的路况水平。因此，吉林省农村公路的日常养护模式应根据实际情况逐步向专业性养护和经常性养护转变。

45. 农村公路养护作业时应当注意什么？

农村公路养护作业时，作业单位应当设置必要的交通安全设施和安全警示标志。承担农村公路日常养护作业的人员大部分为新聘用的沿线群众，而且农村公路交通量相对较小，容易使养护作业单位和养护人员在安全生产方面产生麻痹意识。县级公路管理机构和乡（镇）人民政府应当根据农村公路养护特点，建立养护安全生产管理制度，加强培训教育和监督检查，督促养护作业单位和养护人员严格按照交通运输部发布的《公路养护安全作业规程》《公路养护技术规范》中有关公路养护作业安全的规定开展养护工作，从制度制定和执行上坚决杜绝养护生产安全事故的发生。

46. 农村公路养护需中断交通时怎么办？

依据《中华人民共和国道路交通安全法实施条例》第三十五条第二款的规定，道路施工需要车辆绕行的，施工单位应当在绕行处设置标志；不能绕行的，应当修建临时通道，保证车辆和行人通行。需要封闭道路中断交通的，除紧急情况外，应当提前 5 日向社会公告。

47. 农村公路养护巡查的频次有要求吗？

县级公路管理机构、乡（镇）人民政府会按照规定的频次进行农村公路养护巡查，并制作巡查记录。目前国家没有专门规定，县级公路管理机构根据各地实际情况及工作要求，应当制定关于农村公路的巡查管理制度，以达到尽职免责。

48. 发现公路损坏或危险时怎么办？

发现公路损坏和危险情况时，应当及时组织修复和排除。难以及时修复和排除的，应当在危险路段按照规定设置警示或者限行限载标志，必要时应当采取措施中断公路使用。

49. 自然灾害会对农村公路有什么影响？

吉林省绝大数农村公路建设技术标准普遍偏低，路面铺装率不高，防灾、抗灾能力弱。当遭受洪水、泥石流、冰雪等严重自然灾害时，农村公路尤其是山区农村公路容易出现损坏，甚至出现中断交通的情况。公路作为重要的交通基础设施，如发生这种情况，对当地政治、经济影响较大。

50. 因严重自然灾害导致农村公路中断或者严重损坏时怎么办？

县级人民政府、乡(镇)人民政府和村民委员会应当及时组织修复，尽快恢复交通，保证人民群众的日常生产、生活的基本需要。作为农村公路管理的直接责任单位，县级公路管理机构应遵循"预防为主，防治结合"的方针，根据当地的水文气候条件、季节特点、公路状况，分析掌握所管辖农村公路及桥涵的抗灾能力，预先制订应急抢修技术方案，采取必要的预防措施，提前储备抢修所必需的材料和机械设备，以备不时之需，保障农村公路的畅通。

51. 农村公路沿线需要绿化吗？

需要。公路绿化是国土绿化的重要组成部分，对稳固路基、保护路面、美化路容、改善环境、减小噪声、舒适出行、诱导车辆行驶具有重要的作用。

52. 农村公路如何绿化？

农村公路绿化应当根据农村公路等级、沿线地形、土质、气候环境和绿化植物的生物学特性，以及对绿化的功能要求，结合地方绿化规划进行。

53. 谁来实施农村公路沿线绿化？

县级人民政府、乡（镇）人民政府和村民委员会应当按照绿化规划和"谁种植、谁管理、谁受益"的原则，组织和动员农村公路沿线的单位和个人实施公路绿化。

54. 为什么是谁种植、谁管理、谁受益？

因为吉林省是农业大省，农村公路沿线，尤其是平原地区的乡、村道路沿线主要是农民的田地，护路林绿化和种植农作物之间的矛盾是制约农村公路沿线绿化栽植成活率和保存率的瓶颈问题。农村公路两侧的绿化实行"谁种植、谁管理、谁受益"的原则，可以鼓励沿线群众爱树、护树的积极性，提高绿化树木的成活率和保存率，同时降低农村公路管理单位绿化养护的成本。

55. 需要更新采伐农村公路护路林时怎么办？

需要更新采伐农村公路护路林的，依据《公路安全保护条例》第二十六条规定，应当向公路管理机构提出申请，经批准方可更新采伐，并及时补种；不能及时补种的，应当交纳补种所需费用，由公路管理机构代为补种。

56. 可以在农村公路上打场晒粮吗？

不可以。任何单位和个人不得在农村公路上及公路用地范围内非法挖砂、采石、取土、放牧、堆放物料、设置障碍、挖沟引水或者从事种植农作物、打场晒粮、倾倒垃圾、排放污物等损坏、污染公路，占道经营以及其他影响公路安全畅通的行为。

57. 可以在农村公路边设置广告吗？

不可以。《吉林省农村公路条例》规定，不得损毁、擅自移动、涂改农村公路标志或者擅自设置其他标志。农村公路附属设施和标志对保障农村公路安全、畅通，充分发挥农村公路的效能，起着重要作用。如果在农村公路两侧一定范围内同时设置了大量的广告、指引牌等非公路标志，将严重影响车辆驾驶人员的视线，混淆公路标志与非公路标志，形成安全隐患。

58. 农村公路有安全保护区域吗？

根据《公路安全保护条例》第十七条规定，国道、省道、县道的公路用地外缘起向外 100 米，乡道的公路用地外缘起向外 50 米；公路渡口和中型以上公路桥梁周围 200 米；公路隧道上方和桥洞口外 100 米。这些均属于公路安全保护区域。

59. 农村公路建筑控制区范围是多少？

《公路安全保护条例》规定了公路建筑控制区的范围,即从公路用地外缘起向外的距离标准为县道不少于 10 米、乡道不少于 5 米;《吉林省公路条例》规定村道不少于 2 米。

60. 可以在农村公路边盖房子吗？

除公路防护、养护需要外,禁止在农村公路建筑控制区内新建、扩建永久性建筑物和地面构筑物。公路建筑控制区范围内的土地因在公路建设中并没有征收,其使用权依然归原土地使用人所有。上述规定不影响沿线群众进行其他正常的生产活动,如耕种和日常的通行等。

61. 新建农村公路前，路边就有房子怎么办？

对于新划定的建筑控制区内已有的建筑物、构筑物，应当允许其按照批准时的时限要求保留。超过时限的，应当拆迁。

62. 超限车辆可以在农村公路上行驶吗？

超限车辆不得在农村公路上行驶。运载不可解体物品的超限车辆确需行驶的，应当按照《公路安全保护条例》第三十六条规定，向公路管理机构提出申请公路超限运输许可，由公路管理机构受理并审批，并采取有效的防护措施，所需费用由运输单位或者个人承担。

63. 超限车辆要采取的防护措施指的是什么？

所谓的"防护措施"，既包括在车辆或其所载货物上采取的防止损坏农村公路、桥梁、隧道和汽车渡船的必要措施，也包括在农村公路、桥梁、隧道和汽车渡船上采取的保护车辆和所载货物安全通行的必要措施，如加固农村公路、桥梁、隧道和汽车渡船的措施，甚至包括拆毁必要的农村公路设施以保证车辆的通行等。采取这些防护措施的义务主体是运输单位或个人，在其不能采取这些防护措施时，交通运输主管部门可以给予帮助，所需费用由运输单位或个人承担。

64. 什么样的车算超限？

超限主要分为重超和尺超。在公路上行驶的车辆，其轴载质量应当符合《超限运输车辆行驶公路管理规定》和《公路工程技术标准》要求，如果超过相关标准，就是重超。超过公路、桥梁、隧道或者汽车渡船的限载、限高、限宽、限长标准的车辆，是尺超。

65. 重载车轧坏农村公路怎么办？

一般情况下，要按照《中华人民共和国公路法》规定对轧坏农村公路的重载车进行行政处罚。因工程建设确需重载车辆反复通过特定农村公路路段的，建设单位应当与养护责任主体签订公路修复协议，缴纳相应数额的公路修复保证金，按照不低于原有公路技术标准，及时修复、改建或者给予相应的经济补偿。

66. 可以在农村公路出入口设置限高梁吗？

县级公路管理机构或者乡（镇）人民政府根据保护农村公路的需要，可以在农村公路的出入口设置必要的限高、限宽设施，但不得影响消防、工程抢险和卫生急救等应急通行需要，不得向通行车辆收费。限高、限宽设施必须有明显标志和夜间反光标志。

67. 限高梁有什么标准吗？

设置标志的形式和样式可以在国家标准《道路交通标志和标线》中选取，并按国家标准要求的位置和方式设置，但设施没有现成的标准可以选择。设置限高、限宽设施时，除考虑到上述规定之外，还要充分考虑当地的大型农机设备、公交车辆和救援车辆的通行需要。

68. 因设置限高、限宽设施引发事故怎么办?

县级交通运输行政主管部门为禁止超限车辆行驶农村公路,在农村公路上设置限高、限宽设施行为合法。限高、限宽设施如果是按照规范进行设置的,那么应该视为公路附属设施,车辆超限通行除了承担超限运输的行政责任外,对设施造成损害的,还应当承担民事责任。

69. 应当如何设置限高梁?

应尽量选用警示标志而少在农村公路建筑限界内设置设施,必须设置设施时,应在视野开阔处设置,并同时设立明显的警示标志,在设施上涂刷反光警示色。

70. 农村公路上发现超限车辆,可以就地处罚吗?

可以。县级公路管理机构在监督检查中通过现场检测、受理举报等方式发现车辆有超限行为的,可不受固定检测站制约,就地进行处罚。如果因为车流量较大、弯道较多、无法安放检测设备的路段等情况,不便于对车辆进行检查时,可以将疑似超限车辆引导至就近的检测站或其他适合路段和场地,就近处理。

71. 可以绕路逃避超限检测吗?

不可以。任何单位和个人不得通过故意堵塞固定超限检测站点通行车道、强行通过固定超限检测站点或者以其他方式阻挠、干扰县级公路管理机构依法对农村公路超限运输违法行为的查处,不得采取短途驳载等方式逃避超限检测,禁止通过绕行等方式逃避超限检测。

第五章 关于农村公路资金筹集和使用

72. 农村公路建管养资金来源具体有哪些？

资金来源包括：国家补助的专项资金和中央财政转移支付资金；各级人民政府安排的财政性资金；村民委员会依照国家有关规定采取"一事一议"和政府奖补相结合方式筹集的用于村道建设、养护的资金；单位、个人等社会捐助或者利用农村公路冠名权、绿化经营权等方式筹集的资金；通过其他合法方式筹集的资金。

73. 政府在筹集资金上应该做什么？

各级人民政府应当建立政府投资为主、农村集体经济组织投资为辅、社会力量参与的农村公路建设、养护和管理资金筹集机制。

74. 其他合法方式指的是什么？

除已经明确规定的资金来源外,目前采用的利用银行贷款、发行政府债券和今后有可能采取的其他方式,只要符合国家法律法规的,均可作为农村公路建设、养护资金的来源。

75. 农村公路会收费吗？

农村公路是公益性强的公共基础设施,原则上对农村公路是不能进行收费的,绝大多数农村公路是免费开放给公众使用,属政府公共服务的范畴。

76. 将农村公路建养资金纳入财政预算有何意义？

这是将国家的重大支农政策通过法律手段形成制度化、规范化的有益尝试，对在吉林省逐步建立稳定的财政对农业投入增长机制，尽快建立"以工促农、以城带乡"长效机制，尽早形成城乡经济社会发展一体化新格局将发挥积极的促进作用。

77. 为什么不规定纳入预算的具体比例？

考虑到建设、养护和管理各自的资金需要不同，以及各级政府财政的具体情况差别，《吉林省农村公路条例》只是对县级以上人民政府在当年财政预算中对相关费用进行列支作出了原则性的规定，没有明确具体的比例。但对资金投入达到的要求进行了规定，即必须满足养护和管理的需要。

78. 农村公路省级补助资金的标准及拨付比例是什么?

农村公路省级补助资金的标准及拨付比例,由省人民政府财政、交通运输主管部门制定。依据《中共中央关于全面深化改革若干重大问题的决定》"清理规范重点支出同财政收支增幅或生产总值挂钩事项,一般不采取挂钩方式",不能将拨付比例具体化,只能定期协商制定补助标准。

79. 单位、个人能捐资修路吗?

当然可以。《吉林省农村公路条例》鼓励单位、个人采取自愿捐资等方式建设和养护农村公路。随着农村公路规模越来越大,建设、养护资金短缺的问题越来越突出,迫切需要建立新的资金来源渠道,实现农村公路可持续发展。自愿捐资支持公益事业发展是社会物质和精神文明发展到一定阶段的产物。近年来,随着地方经济的发展和人民生活水平的不断提高,农村公路沿线受益企业和个人,以及在外成功人士捐资修路,促进家乡经济发展的事例层出不穷。虽然单个的捐助资金额度有限,但从总量来看,资金数量依然可观,呈现不断增长的趋势。

80. 单位、个人捐资修路有何回报？

对于企业和个人的大额捐助,会考虑予以一定的经济回报和精神回报,比如向国家申请减免所得税、通过社会媒体加强对捐助企业、个人的宣传等。另外,还会提高捐助资金使用的透明度,让捐助人看到所捐资金的流向以及所产生的效果,让他们觉得捐有所值,从而激发更多人的捐助热情。但这要建立在坚持自愿原则和量力而行的基础上,不得强行收取、硬性摊派。

81. 农村公路建管养资金如何管理？

农村公路建设、养护、管理资金实行统一管理、专款专用。任何单位和个人不得挤占、挪用和截留。《吉林省农村公路条例》规定,县级以上人民政府交通运输主管部门和公路管理机构应当加强农村公路建设、养护、管理资金的管理,提高资金的使用效益;财政、审计等部门应当依法对农村公路建设、养护、管理资金的使用情况进行监督和检查。

第六章　农村公路相关法律责任

82. 政府部门违反《吉林省农村公路条例》规定有什么后果？

县级以上交通运输主管部门、公路管理机构或者乡（镇）人民政府及其工作人员有《吉林省农村公路条例》明确的七种行为之一的，由上级交通运输主管部门、本级或者上级人民政府对责任单位予以通报批评，责令限期改正；情节严重的，由其主管部门或者监察机关对直接负责的主管人员或者其他直接责任人员依法给予行政处分；构成犯罪的，依法追究刑事责任。

83.《吉林省农村公路条例》中的七种违规行为都是什么？

一是未依法履行农村公路养护和管理职责的；二是农村公路建设项目应当依法招标而未招标的；三是在农村公路建设中监管失职，造成重大质量问题的；四是农村公路未经验收或者验收不合格交付使用的；五是截留、侵占和挪用农村公路建设、养护和管理资金的；六是在农村公路建设和养护中，采用强制手段向单位、个人集资的；七是其他玩忽职守、徇私舞弊、滥用职权的行为。

84. 七种违规行为中的其他行为,会不会太笼统?

不会。在这里解释一下什么是玩忽职守、徇私舞弊、滥用职权。玩忽职守,是指国家工作人员不履行职责或者不正确履行职责,致使国家利益、社会公共利益以及公民、法人和其他组织的合法权益遭受损失的行为。徇私舞弊,是指国家工作人员在履行职责的过程中,为了私情、私利,故意违反事实和法律、法规的规定,作出枉法处理或者枉法决定,致使国家利益、社会公共利益以及公民、法人和其他组织的合法权益遭受损失的行为。滥用职权,是指超越职权的范围或者违背法律授权的宗旨,违反职权行使程序而行使职权,致使国家利益、社会公共利益以及公民、法人和其他组织的合法权益遭受损失的行为。由于实践中玩忽职守、徇私舞弊或者滥用职权的表现形式还有很多,为了使一些应受追究的行为受到追究,《吉林省农村公路条例》作了这一兜底性规定。

85. 农村公路建设项目应当招标而未招标有何后果?

根据《招标投标法》第四十九条的规定,必须进行招标的项目而不招标的,对项目法人还可以处项目合同金额千分之五以上千分之十以下的罚款;对全部或者部分使用国有资金的项目,可以暂停项目执行或者暂停资金拨付。

86. 为什么农村公路未经验收或者验收不合格不能交付使用。

农村公路有着严格的技术质量标准,只有经过有关单位、部门的验收并确认后才能最终确定质量是否合格、是否可以交付实际使用。县级以上交通运输主管部门要严格按照相关规定履行验收程序,经确认验收合格才能交付使用。否则,按照规定,应当承担相应的法律责任。

87. 截留、侵占和挪用农村公路建设、养护和管理资金会有何后果？

农村公路建设、养护和管理资金是农村公路事业的专项资金，有着特定的用途和方向。县级以上交通运输主管部门、公路管理机构、乡（镇）人民政府应当严格执行国家财经纪律，实行专账管理、专账核算、专款专用，任何单位和个人不得截留、侵占和挪用，否则，按照《吉林省农村公路条例》有关规定，应当承担相应的法律责任。

88. 承担法律责任都有哪些形式？

行政处分和刑事责任。行政处分，是指国家机关、企事业单位依法给隶属于它的犯有较轻违法行为人员的一种制裁性处理，分为警告、记过、记大过、降级、撤职、开除6种。构成犯罪的，依照《中华人民共和国刑法》的有关规定追究刑事责任。

89. 未经批准擅自施工有何后果？

未经批准擅自施工的，由县级以上人民政府交通运输主管部门责令停止施工，可以处五万元以下罚款。

90. 擅自采伐农村公路护路林有何后果？

擅自采伐农村公路护路林的，由县级公路管理机构责令补种，没收违法所得，并处采伐树木价值三倍以上五倍以下罚款。

91. 补种有何标准？

补种的树种、株数、位置应与采伐的相应指标一致，如果该段农村公路即将进行改、扩建，可在其他路段补植。

92. 林木价值谁说了算？

林木价值由县级公路管理机构并当地林业主管部门评估后出具书面评估报告确定，也可以由当地林业主管部门指定具有林木评估职能的部门评估后确定。

93. 造成农村公路路面损坏、污染或者影响农村公路安全畅通有何后果？

造成农村公路路面损坏、污染或者影响农村公路安全畅通的，由县级公路管理机构向违法行为人发出通知，责令停止违法行为；对有违法行为的单位和人员可以强制其在一定期限内缴纳五千元以下罚款，具体数额由县级公路管理机构根据当事人违法行为情节轻重决定。

94. 损毁、擅自移动、涂改农村公路标志或者擅自设置其他标志有何后果？

损毁、擅自移动、涂改农村公路标志或者擅自设置其他标志的，由县级公路管理机构责令停止违法行为，可以处一万五千元以下罚款。罚款的具体数额由县级公路管理机构根据当事人违法行为情节轻重决定。

95. 破坏、损坏、非法占用有什么区别？

破坏，是指故意实施的损及农村公路或农村公路附属设施完好的行为。损坏，是指虽非故意，但客观上造成了损及农村公路或农村公路附属设施完好后果的行为。非法占用，是指未经有关部门批准，擅自占用农村公路、公路用地以及公路附属设施的行为。

96. 超限车辆擅自在农村公路上行驶有何后果？

超限车辆擅自在农村公路上行驶的，由县级公路管理机构责令停止违法行为，并处三万元以下罚款。罚款的具体数额由县级交通运输主管部门根据当事人违法行为情节轻重决定。

97. 对农村公路及其附属设施造成损害怎么办？

对农村公路及其附属设施造成损害的，应当按照不低于农村公路原有的技术标准予以修复、改建或者按照损害程度给予相应的赔偿或者补偿；构成犯罪的，依法追究刑事责任。

98. 交了罚款是不是可以继续违法行为？

不可以。罚款属于并处,也就是说,在责令停止违法行为的同时,也给予违法行为人罚款的行政处罚。

99.《吉林省农村公路条例》什么时候开始生效？

2016年1月1日。

100.《吉林省农村公路条例》生效以前的违法行为怎么办？

由于《吉林省农村公路条例》对溯及力问题没有作出明确规定,表明《吉林省农村公路条例》没有溯及力,即《吉林省农村公路条例》施行以前的行为和事件,不能依据《吉林省农村公路条例》的规定进行处理。